FISCH UND MEERESFRÜCHTE

© Rebo International b.v. Lisse, Niederlande

© 2001 der deutschen Ausgabe KOMET MA-Service und Verlagsgesellschaft mbH, Frechen

Rezepte und Fotografien auf den Seiten: 12-13, 14-15, 18-19, 22-23, 30-31, 32-33, 36-37, 38-39, 40-41, 42-43, 44-45, 46-47, 60-61, 66-67, 74-75, 76-77, 78-79, 82-83, 86-87, 90-91, 92-93 © Quadrillion Publishing Ltd, Godalming, Surrey, Großbritanien.

Alle anderen Rezepte und Fotografien: © Dr. Oetker Verlag, Bielefeld

Illustrationen: Camilla Sopwith

Gesamtherstellung: KOMET MA-Service und Verlagsgesellschaft mbH, Frechen

ISBN: 3-89836-180-2

FISCH UND MEERESFRÜCHTE

Inhalt

Einleitung	7
Vorspeisen & Snacks	8
Suppen & Eintöpfe	22
Salate	36
Hauptgerichte	48
Besondere Anlässe	74
Register	96

Einleitung

Fisch und Meeresfrüchte sind hervorragende Eiweißlieferanten und zusätzlich oft reich an Vitamin B12. Außerdem ist Fisch zumeist sehr fettarm und selbst die öligeren Sorten wie Lachs, Forelle, Makrele, Hering und Sardelle enthalten ungesättigte Fettsäuren, die im Gegensatz zu gesättigten tierischen Fettsäuren sogar gesundheitsfördernd sein können.

Man nimmt an, dass der hohe Anteil an Omega-3-Fettsäuren in den öligeren Fischsorten einen Schutz gegen Herz- und Kreislauferkrankungen bietet und das Thromboserisiko senken kann. Darüber hinaus sollen diese Fettsäuren einen wichtigen Beitrag zur Entwicklung von Hirn- und Augenzellen leisten und werden daher besonders Schwangeren empfohlen.

Vor allem aber sind Fisch und Meeresfrüchte schnell und einfach zuzubereiten und leicht verdaulich. In Geschmack, Form und Größe bieten sie eine wahre Vielfalt und lassen sich zu unterschiedlichsten Gerichten verarbeiten. Die meisten Fische und Meeresfrüchte verlangen nach kräftigen Würzmischungen aus frischen Kräutern, aromatischen Gewürzen und intensiven Zitrussaucen. Der Geschmack kräftigerer Fischsorten wie Makrele, Meerbarbe und Forelle kann aber auch durch intensive Gewürze wie Knoblauch, Pfefferkörner oder Chilischoten unterstrichen werden. Lakritzartige Aromen wie Fenchel und Anis sind ebenfalls eine gute Ergänzung zu Fisch.

Fisch und Meeresfrüchte sind eine ideale Grundlage für gehaltvolle Suppen und Eintöpfe, aus deren großem Angebot wir hier eine interessante Auswahl vorstellen. Sie finden eine moderne Version eines klassischen amerikanischen Muscheleintopfs und Varianten anderer beliebter Gerichte wie Lachs in Senfsauce – ein Rezept, das an schwedischen Graved-Lachs erinnert, marinierten rohen Fisch nach lateinamerikanischer Ceviche-Tradition und englische Shrimps-Töpfchen. Neben herrlich frischen Salaten gibt es Fisch- und Muschelgerichte mit Pasta, kombiniert mit Nüssen und Früchten und in raffiniert gewürzten cremigen Saucen serviert, die eine Bereicherung für jede Küche sind. Aber auch für Abende, an denen man Gäste verwöhnen und beeindrucken möchte, findet sich eine Auswahl von erlesenen und feinen Speisen.

Muschelgratin

Für diese edle Vorspeise werden saftige Jakobsmuscheln in der Schale mit Tomate, Zwiebel und frischen Kräutern knusprig überbacken.

Vorbereitungszeit: 15 Minuten • Kochzeit: 3–5 Minuten • Für 4 Personen

Zutaten

20 frische Jakobsmuscheln in der Schale	4 Zweige frischer Majoran, fein gehackt
Salz und frisch gemahlener schwarzer Pfeffer	85 g frische Semmelbrösel
2 Fleischtomaten	70 g Butter, zerlassen
2 Schalotten oder Zwiebeln, fein gehackt	frische Kräuterzweige, zum Garnieren
1 Zweig frische Petersilie, fein gehackt	

Zubereitung

1 Die Muscheln aus der Schale lösen und 1 Minute in einem Topf mit sprudelndem Wasser blanchieren.

2 Abtropfen lassen, auf 4 Muschelschalen oder feuerfeste Teller verteilen. Mit Salz und Pfeffer abschmecken.

3 Tomaten kreuzförmig einschneiden und 20 Sekunden in kochendes Wasser tauchen, dann in kaltem Wasser abschrecken.

4 Abtropfen lassen und Haut abziehen und wegwerfen.

5 Tomaten halbieren, Kerne und Kerngehäuse entfernen und das Fruchtfleisch klein würfeln.

6 Tomaten, Schalotten oder Zwiebeln, Kräuter und Semmelbrösel über die Muscheln verteilen. Mit Butter beträufeln.

7 3–5 Minuten im vorgeheizten Backofen goldgelb überbacken. Mit frischen Kräutern garniert servieren.

Serviervorschlag

Reichen Sie dazu dünn gebuttertes Brot oder Toast.

Abwandlungen

Verwenden Sie Miesmuscheln oder Austern an Stelle der Jakobsmuscheln. Nehmen Sie Vollkornsemmelbrösel. Ersetzen Sie die Schalotten oder kleinen Zwiebeln durch 4–6 Frühlingszwiebeln.

Vorspeisen & Snacks

Lachs in Senfsauce

Eine köstliche Zubereitung für frischen Lachs, der in duftenden Korianderkörnern, Dill und Zucker mariniert und mit einer pikanten Senfsauce serviert wird.

Vorbereitungszeit: 20 Minuten + 1–2 Tage Marinierzeit • Für 8–10 Personen

Zutaten

1 kg frischer Lachs (ohne Kopf und Schwanz)	1 1/2 TL Dijon-Senf
5 Korianderkörner	2 EL Weißweinessig
2 EL Zucker	5 EL Olivenöl
1/2 TL frisch gemahlener schwarzer Pfeffer	Salatblätter
1 TL grobes Meersalz	1/2 TL rote Pfefferkörner
2 frische Dillzweige, grob gehackt + 1 EL fein gehackter frischer Dill	frische Dillzweige, zum Garnieren

Zubereitung

1
Den Lachs der Länge nach halbieren und entgräten.

2
Korianderkörner zermahlen und mit 1 Esslöffel Zucker und Salz und Pfeffer verrühren. Den Lachs mit der Mischung einreiben.

3
Fischhälften mit gehacktem Dill bestreuen.

4
Lachsseiten in der Mitte falten, in eine Schale geben und mit Frischhaltefolie abdecken.

5
Ein Brett über die Schale legen, mit Konservendosen beschweren und 1–2 Tage kühl stellen. Fisch in dieser Zeit mehrfach wenden.

6
Kräuter vom Fisch abschaben, die Haut abziehen und wegwerfen. Das Fleisch in dünne Scheiben schneiden.

7
Für die Senfsauce den Senf in einer Schüssel mit 1 Esslöffel Zucker, Weinessig und Öl verrühren, fein gehackten Dill zugeben und gut vermischen.

8
Einige Salatblätter auf einem Vorlegeteller anrichten, Fisch darauf legen und mit etwas Senfsauce übergießen.

9
Mit Pfefferkörnern bestreuen und mit der restlichen Sauce übergießen. Mit frischen Dillzweigen garniert servieren.

Serviervorschlag
Reichen Sie dazu dünn gebutterte Scheiben braunes oder Vollkornbrot.

Abwandlungen
Nehmen Sie frische Petersilie, Estragon oder Oregano an Stelle des Dills. Ersetzen Sie die Senfkörner durch Korianderkörner. Nehmen Sie grüne Pfefferkörner statt der roten.

Vorspeisen & Snacks

Meeresfrüchte-Quiche

Hier eine Variante der klassischen Quiche mit Meeresfrüchten. Der Teigmantel wird mit einer Käse-Sahne-Sauce und einer Mischung aus Miesmuscheln, Garnelen und Venusmuscheln gefüllt.

Vorbereitungszeit: 45 Minuten + Kühlzeit • Kochzeit: 25 Minuten • Für 6 Personen

Zutaten

280 g Mehl	200 g kleine Venusmuscheln
Salz und frisch gemahlener schwarzer Pfeffer	200 ml Milch
1 mittelgroßes Eigelb	300 ml Sahne
125 g zimmerwarme Butter	4 mittelgroße Eier
1 Liter Miesmuscheln in der Schale	100 g Gruyèrekäse, gerieben
450 g Herzmuscheln in der Schale	geriebene Muskatnuss
200 ml Weißwein	frische Dillzweige, zum Garnieren
200 g gekochte ganze Garnelen	

Zubereitung

1
Mehl, 50 ml Wasser, Salz und Eigelb in einer Schüssel verrühren. Butter zufügen und zu einem geschmeidigen Teig verarbeiten.

2
Teig zu einer Kugel formen, abdecken und 30 Minuten im Kühlschrank ruhen lassen.

3
Mies- und Herzmuscheln abwaschen. Mehrmals das Wasser wechseln, um allen Sand und Schmutz zu entfernen.

4
Mies- und Herzmuscheln in eigenen Töpfen mit jeweils der Hälfte des Weins 5 Minuten abgedeckt kochen, bis sich die Schalen öffnen. Abtropfen und abkühlen lassen.

5
Garnelen schälen und klein schneiden. Venusmuscheln waschen und aus der Schale lösen. Mies- und Herzmuscheln aus den Schalen lösen.

6
Milch, Sahne, Eier, Käse, Salz und Pfeffer und etwas Muskat in einer Schüssel verrühren. Auf die Seite stellen.

7
Teig mit einer bemehlten Teigrolle auf einer leicht bemehlten Fläche ausrollen.

8
Eine 25 cm-Quicheform mit dem Teig auskleiden. Überstehenden Teig abschneiden, Teigboden mehrfach mit der Gabel einstechen.

9
Meeresfrüchte gründlich abtropfen lassen und mit den rohen Venusmuscheln in der Teigform verteilen.

10
Mit der Sauce übergießen und 25 Minuten im vorgeheizten Backofen bei 240 °C (Gasherd: Stufe 9) backen. Bei Bedarf mit Alufolie abdecken, um ein zu starkes Bräunen zu verhindern.

11
Quiche aus der Form lösen und in Ecken geschnitten warm servieren. Mit frischen Dillzweigen garnieren.

Serviervorschlag
Reichen Sie kleine Stücke als Vorspeise und große Stücke als Hauptgericht. Servieren Sie dazu grünen Salat.

Abwandlungen
Verwenden Sie Emmenthaler oder Cheddarkäse an Stelle des Gruyère. Nehmen Sie Rotwein statt des weißen.

Tipp des Küchenchefs
Verwenden Sie zur Zeitersparnis eine Backmischung für den Teigmantel.

Vorspeisen & Snacks

Marinierter roher Fisch

Ein feines, leichtes Vorgericht für jede Gelegenheit. Dünn aufgeschnittener Lachs und Rotbarsch werden in einer Marinade aus Zitronensaft und Olivenöl mit Schalotte und Pfeffer »gekocht« und mit Gemüse serviert.

Vorbereitungszeit: 40 Minuten, zusätzlich 10 Minuten Marinierzeit • Für 6 Personen

Zutaten

1/2 kleiner Lachs (ca. 700 g), längs halbiert	2 frische Dillzweige
Rotbarschfilets (ca. 300 g)	2 Zitronen
1 Karotte	Salz
1/2 Salatgurke	gemischte Pfefferkörner in der Mühle
1 Selleriestange	4 EL Olivenöl
2 Schalotten	1 kleines Glas Seehasenrogen (Deutscher Kaviar) und frische Dillzweige, zum Garnieren
1 Kopf krause Endivie	

Zubereitung

1
Lachs mit einem scharfen Sägemesser dünn aufschneiden.

2
Scheiben überlappend um den Rand eines Vorlegetellers anrichten.

3
Kleinere Rotbarschfilets auf die gleiche Weise aufschneiden.

4
Rotbarschscheiben abwechselnd mit Lachsscheiben spiralförmig zur Tellermitte hin anrichten.

5
Karotte schälen und in dünne Scheiben schneiden. Scheiben in sehr dünne Stifte schneiden. Auf die Seite stellen.

6
Gurke in Stücke schneiden. Mit einem scharfen Messer großzügig abschälen und die Kerne auslösen. Schale in sehr dünne Streifen schneiden und auf die Seite stellen.

7
Sellerie schälen und mit dem Gemüseschäler in dünne, gleichmäßige Scheiben schneiden. In sehr dünne Streifen schneiden und auf die Seite stellen.

8
Die Schalotten schälen und längs halbieren. Die Hälften fein und gleichmäßig hacken.

9
Endivie und Dill putzen. Dillstängel entfernen und Blättchen fein hacken.

10
Zitronen auspressen und den Saft mit Schalotten und Dill in einer Schüssel vermischen.

11
Zitronen-Dill-Mischung mit Salz und etwas Pfeffer aus der Mühle abschmecken, dann mit Öl verschlagen.

12
Fisch mit etwas Sauce bestreichen. 10 Minuten marinieren lassen, dann mit in der restlichen Sauce, durchgehobenen Endivien und Gemüse servieren. Mit Seehasenrogen und frischem Dill garnieren.

Abwandlungen

Verwenden Sie Radicchio an Stelle der Endivie. Ersetzen Sie die Zitronen durch Limetten.

Tipp des Küchenchefs

Der Fisch muss unbedingt absolut frisch sein.

Vorspeisen & Snacks

Langoustine im Blätterteig

Diese appetitlichen Canapés mit Kaisergranaten eignen sich gut als Appetithäppchen für Parties.

Vorbereitungszeit: 20 Minuten • Kochzeit: 10 Minuten • Ergibt etwa 36 Stück

Zutaten

600 g TK-Blätterteig	500 g gefrorene Kaisergranate
175 g frisch geriebener Parmesankäse	12–15 Zucht- oder Knopfchampignons, in Scheiben geschnitten
Paprikapulver, nach Geschmack	
1 Ei	20 gefüllte Oliven, in Ringe geschnitten
3 EL Milch	frische Kerbelblätter, zum Garnieren

Zubereitung

1
Blätterteig in 18 ca. 7,5 cm große Quadrate schneiden und diese in 36 Dreiecke halbieren.

2
Parmesan und Paprika in einer Schüssel vermischen und auf die Seite stellen.

3
Ei und Milch in einer Schüssel verschlagen und Teigstücke damit bestreichen.

4
Auf jedes Teigdreieck je 3 Kaisergranate, 1 Champignonscheibe und 3 Olivenscheiben geben; mit Käsemischung bestreuen.

5
Backblech unter kaltem Wasser abspülen und Canapés darauf setzen.

6
Im vorgeheizten Backofen bei 200 °C (Gasherd: Stufe 6) etwa 10 Minuten backen.

7
Mit Kerbel garnieren und sofort servieren.

Serviervorschlag

Reichen Sie dazu gemischten Blattsalat oder hausgemachten Krautsalat.

Abwandlungen

Nehmen Sie gekochte, geschälte Miesmuscheln statt Kaisergranate. Ersetzen Sie den Parmesankäse durch Cheddar- oder Gruyèrekäse.

Vorspeisen & Snacks

Shrimps-Töpfchen

Diese beliebte Meeresfrüchte-Vorspeise erhält durch die gewürzte Butter noch mehr Aroma.

Vorbereitungszeit: 10 Minuten + Ruhe- und Kühlzeit • Kochzeit: 3 Minuten (Mikrowelle) • Für 4 Personen

Zutaten

350 g gekochte frische oder TK-Shrimps	1/2 TL frisch gemahlener schwarzer Pfeffer
175 g Butter	1/2 TL Paprikapulver
1 TL gemahlene Muskatnuss	Zitronenspalten und kleine Petersilien- oder Dillzweige, zum Garnieren
2,5 cm Stück geriebene Ingwerwurzel	

Zubereitung

1
TK-Shrimps auftauen und auf Küchenpapier abtropfen lassen.

2
Butter klären: Butter in einer mikrowellengeeigneten Schüssel bei mittlerer Leistung 2 Minuten zerlassen und 15 Minuten abkühlen lassen.

3
Obere weiße Schaumschicht mit dem Löffel abheben, Butterfett vorsichtig abgießen und milchig weißen Bodensatz wegwerfen.

4
Geklärte Butter und Gewürze in eine saubere, mikrowellengeeignete Schale geben und bei hoher Leistung 1 Minute erhitzen.

5
Die Shrimps einrühren, auf Ramequinförmchen verteilen und gut andrücken.

6
Abdecken und in den Kühlschrank stellen, bis sie erstarrt sind.

7
Shrimpstöpfchen auf kleine Teller stürzen, mit Zitronenspalten und Kräutern garnieren und servieren.

Serviervorschlag
Reichen Sie dazu Toast Melba oder frisch getoastete Vollkorntoast-Dreiecke.

Abwandlungen
Nehmen Sie kleine Garnelen an Stelle der Shrimps. Ersetzen Sie Muskatnuss oder Ingwer durch gemahlenen Zimt.

Tipp des Küchenchefs
Sie können dieses Gericht einen Tag im Voraus zubereiten und im Kühlschrank aufbewahren.

Vorspeisen & Snacks

19

Gegrillte Austern

Mit einer Mandel-Kräutermischung bestreute und gegrillte Austern sind wahrhaft eine Delikatesse.

Vorbereitungszeit: 15 Minuten • Kochzeit: 5 Minuten • Für 6 Personen

Zutaten

- 18 frische Austern
- 2 EL gemahlene Mandeln
- 100 g weiche Butter
- 1 Knoblauchzehe, zerdrückt
- 1/2 Bund frische Petersilie
- Saft von 1/2 Zitrone
- 1 EL Cognac
- frisch gemahlener schwarzer Pfeffer
- 1 EL Mandelblätter

Zubereitung

1 Austern vorbereiten: Austern auf einem sauberen Küchentuch ausbreiten, mit einem Austernmesser öffnen und auf die Seite stellen.

2 Gemahlene Mandeln, Butter und Knoblauch in einer Schale vermischen.

3 Petersilie hacken und mit Zitronensaft, Cognac, Pfeffer und Knoblauchbutter vermischen.

4 Austern in der Schale gleichmäßig mit der Buttermischung beträufeln.

5 Mit Mandelblättchen bestreuen, unter dem vorgeheizten Grill goldbraun backen und sofort servieren.

Serviervorschlag
Reichen Sie dazu gebuttertes Brot oder Toast.

Abwandlungen
Verwenden Sie Jakobsmuscheln an Stelle der Austern. Ersetzen Sie die Petersilie durch Basilikum oder Schnittlauch. Nehmen Sie Limettensaft statt Zitronensaft.

Tipp des Küchenchefs
Zur Zeitersparnis können Sie auch fertig erhältliche Knoblauchpaste verwenden.

Vorspeisen & Snacks

Garnelen-Curry-Suppe

Eine schnell zubereitete, farbenfrohe Suppe mit scharfem Currygeschmack und fruchtigem Apfelaroma.

Vorbereitungszeit: 15 Minuten + Ruhezeit • Kochzeit: 8–9 Minuten (Mikrowelle) • Für 4 Personen

Zutaten

40 g Butter oder Margarine	600 ml Fisch- oder Gemüsebrühe
1 EL Currypulver	600 ml Milch
1 Schalotte, fein gehackt	350–450 g gekochte, geschälte Garnelen
1 Dessertapfel, geviertelt, Kerngehäuse entfernt, gewürfelt	150 ml Naturjoghurt
40 g Mehl	

Zubereitung

1
Butter oder Margarine und Currypulver in eine mikrowellengeeignete Schale geben und 1 Minute in der Mikrowelle bei hoher Leistung erhitzen.

2
Schalotten und Apfel hinzufügen und weitere 2 Minuten bei hoher Leistung kochen.

3
Mehl sorgfältig einrühren, Brühe hinzufügen, gut vermischen und weitere 4 Minuten bei hoher Leistung unter zweimaligem Umrühren kochen, bis die Mischung andickt.

4
Herausnehmen und abkühlen lassen. In der Küchenmaschine oder im Mixer zu einer glatten Paste verarbeiten und wieder in eine mikrowellengeeignete Schale geben.

5
Die Milch einrühren und 1–2 Minuten bei hoher Leistung in der Mikrowelle kochen.

6
Garnelen einrühren und 2–3 Minuten ruhen lassen. Mit einem Löffel Joghurt garnieren und servieren.

Serviervorschlag
Reichen Sie dazu knusprige Brötchen.

Abwandlungen
Jede Portion kann durch 25 g heißen, gekochten Reis ergänzt werden. Nehmen Sie Shrimps oder Miesmuscheln an Stelle der Garnelen. Ersetzen Sie den Apfel durch eine Birne. Nehmen Sie 1–2 TL Chilipulver statt Currypulver.

Tipp des Küchenchefs
Röstet man Currypulver oder andere Gewürze vor der Zugabe von Flüssigkeiten an, erhalten sie einen milderen Geschmack.

Suppen & Eintöpfe

Spanische Fischsuppe

Eine delikate Suppe aus Fisch, Meeresfrüchten und Gemüse

Vorbereitungszeit: 15 Minuten • Kochzeit: 23 Minuten (Mikrowelle) • Für 6 Personen

Zutaten

1 Zwiebel, in dünne Scheiben geschnitten	5 schwarze Pfefferkörner
1 Knoblauchzehe, in dünne Scheiben geschnitten	2 Gewürznelken
3 EL Olivenöl	eine Prise Safran
250 g Lauchstangen, längs halbiert	750 g Weißfischfilet, z. B. Dorsch oder Seebarsch
1 kleine Fenchelknolle, in dünne Streifen geschnitten	200 g gekochte Miesmuscheln
1,4 Liter Fischbrühe	100 g frisches gekochtes Krebsfleisch
1 Lorbeerblatt	175 g gekochte, geschälte Garnelen

Zubereitung

1
Zwiebeln und Knoblauch in eine große mikrowellengeeignete Schale geben und 3 Minuten in der Mikrowelle bei hoher Leistung kochen.

2
Lauch und Fenchel hinzufügen, mischen und weitere 3 Minuten bei hoher Leistung kochen.

3
Brühe, Lorbeerblatt, Pfefferkörner, Nelken und Safran einrühren.

4
Nochmals 9 Minuten bei hoher Leistung kochen.

5
Fischfilets in mundgerechte Stücke schneiden.

6
Fisch in die Brühe geben, abdecken und 3 Minuten bei hoher Leistung kochen.

7
Umrühren und nochmals 2 Minuten bei mittlerer Leistung kochen.

8
Muscheln, Krabbenfleisch und Garnelen einrühren, abdecken und weitere 3 Minuten bei hoher Leistung kochen.

9
Schale herausnehmen, Lorbeerblatt, Pfefferkörner und Nelken entfernen, Suppe auf vorgewärmte Teller verteilen; servieren.

Serviervorschlag
Reichen Sie dazu dick geschnittene Scheiben Krustenbrot oder Toast.

Abwandlungen
Verwenden Sie 4–6 Schalotten an Stelle der Zwiebel. Ersetzen Sie den Weißfisch durch geräucherten Fisch wie Kabeljau oder Schellfisch. Nehmen Sie gekochte Herzmuscheln statt Miesmuscheln.

Suppen & Eintöpfe

Maiscremesuppe mit Räucherlachs

Eine herrlich cremige Suppe, die sich in der Mikrowelle schnell und einfach zubereiten lässt.

Vorbereitungszeit: 10 Minuten • Kochzeit: 10 Minuten (Mikrowelle) • Für 2–4 Personen

Zutaten

- 1 EL Maisstärke
- 850 ml Hühnerbrühe
- 1 Ei
- 140 g Maiskörner aus der Dose
- 75 g Kräuter-Crème-fraîche
- 1 EL frischer gehackter Dill
- 75 g Räucherlachs, fein gewürfelt oder in dünne Streifen geschnitten
- frisch gemahlener schwarzer Pfeffer

Zubereitung

1 Stärke mit der Brühe in einer mikrowellengeeigneten Schüssel verrühren.

2 Ei trennen und Eigelb in die Brühe rühren. Eiweiß aufbewahren.

3 Schüssel abdecken und unter einmaligem Rühren 7–8 Minuten in der Mikrowelle bei hoher Leistung kochen.

4 Mais und Crème fraîche einrühren, abdecken und weitere 3 Minuten bei hoher Leistung kochen.

5 Eiweiß leicht steif schlagen und unter die Suppe heben.

6 Dill, Lachs und Pfeffer nach Geschmack hinzufügen und gut vermischen.

7 Auf vorgewärmte Suppenschalen verteilen und sofort servieren.

Serviervorschlag

Reichen Sie dazu frische knusprige Brötchen oder frisches Baguette.

Abwandlungen

Verwenden Sie Petersilie oder Estragon statt Dill. Ersetzen Sie den Räucherlachs durch geräucherte Forelle.

Tipp des Küchenchefs

Sie können eine Kräuter Crème fraîche auch schnell selber herstellen, indem sie frische gehackte Kräuter in Crème fraîche einrühren. So können Sie Ihre Lieblingskräuter auswählen.

Suppen & Eintöpfe

Shrimpssuppe

Durch die Zugabe von frischem Gemüse wird diese delikate Shrimpsuppe zu einer gehaltvollen Mahlzeit.

Vorbereitungszeit: 15 Minuten • Kochzeit: 25 Minuten • Für 4 Personen

Zutaten

50 g Butter	250 ml Weißwein
½ Sellerieknolle, gewürfelt	2 EL Mehl
1 Zwiebel, fein gehackt	2 Eigelb
2 junge Karotten, in dünne Streifen geschnitten	250 g gekochte geschälte Shrimps
1 Lauchstange, in dünne Streifen geschnitten	Salz und frisch gemahlener schwarzer Pfeffer
850 ml Fisch- oder Gemüsebrühe	frische Kräuterzweige, zum Garnieren

Zubereitung

1
Butter in einem Topf zerlassen und Gemüse 5 Minuten unter gelegentlichem Rühren anschwitzen.

2
Brühe hinzufügen, abdecken und 15 Minuten unter gelegentlichem Rühren kochen.

3
Wein einrühren, Mehl mit ein wenig Wasser glatt rühren. In die Suppe rühren, unter Rühren aufkochen lassen und 3 Minuten unter Rühren kochen.

4
Eigelb in einer Schale mit ein wenig Brühe glatt rühren und in die Suppe rühren.

5
Shrimps in die Suppe geben und unter Rühren erhitzen. Nach Geschmack mit Salz und Pfeffer abschmecken.

6
Suppe auf vorgewärmte Teller verteilen, mit Kräutern garnieren und servieren.

Serviervorschlag

Reichen Sie dazu Sesamringe oder Körnerbrot.

Abwandlungen

Verwenden Sie Garnelen an Stelle der Shrimps. Ersetzen Sie die Karotten durch eine kleine Pastinake. Nehmen Sie Kohlrübe statt Sellerieknolle.

Suppen & Eintöpfe

Kalte Muschelsuppe mit Safran

Diese elegante Meeresfrüchtesuppe, in der sich das Safranaroma delikat mit den Muscheln verbindet, ist ideal für einen warmen Sommerabend.

Vorbereitungszeit: 45 Minuten + Kühlzeit • Kochzeit: 10 Minuten • Für 6 Personen

Zutaten

1 Liter frische Miesmuscheln	eine Prise Safranpulver
2 Schalotten, fein gehackt	6 Scheiben Baguette
Salz und frisch gemahlener schwarzer Pfeffer	1 Knoblauchzehe
300 ml Weißwein	1 Glas Seehasenrogen
½ Salatgurke	2 EL frisches gehacktes Schnittlauch
600 ml Fischbrühe	Safranfäden
300 ml Crème double	frische Dillzweige, zum Garnieren

Zubereitung

1
Muscheln abschrubben. Moos entfernen und gründlich waschen.

2
Muscheln mit Schalotten, Pfeffer nach Geschmack und Weißwein in eine große Pfanne geben und abgedeckt 7 Minuten kochen. Pfanne vom Herd nehmen, abkühlen lassen, Muscheln aus der Schale lösen und auf die Seite stellen.

3
Sud durch ein mit Leinen ausgelegtes Sieb gießen und die Flüssigkeit aufbewahren.

4
Gurke schälen, halbieren. Samen entfernen, in feine Streifen schneiden und auf die Seite stellen.

5
Brühe mit Muschelsud, Crème double und Safranpulver in einer Kasserolle zum Kochen bringen.

6
Mit Salz und Pfeffer würzen, vom Herd nehmen und abkühlen lassen. Suppe 2 Stunden im Kühlschrank ruhen lassen.

7
Baguette in der Pfanne von beiden Seiten rösten.

8
Knoblauch halbieren, grünen Spross entfernen, Knoblauch über die Baguettescheiben reiben und ein wenig Rogen auf das Brot geben. Mit Schnittlauch bestreuen.

9
Muscheln, Gurken und Toast auf Suppenteller verteilen und kalte Suppe darüber geben. Mit Safranfäden bestreuen, mit Dill garnieren und servieren.

Serviervorschlag
Reichen Sie dazu warmes Ciabattabrot oder frisches Bauernbrot.

Abwandlungen
Verwenden Sie frische Jakobsmuscheln an Stelle der Miesmuscheln. Ersetzen Sie das Baguette durch Ciabattabrot. Nehmen Sie gehackte frische Petersilie oder Estragon statt Schnittlauch.

Suppen & Eintöpfe

Muscheleintopf mit Käse

Eintöpfe sind herrlich aromatische und reichhaltige Hauptgerichte. Dieser Eintopf wird durch Zugabe von rotem Leicesterkäse besonders kräftig.

Vorbereitungszeit: 15 Minuten • Kochzeit: 25 Minuten • Für 4 Personen

Zutaten

25 g Butter oder Margarine	350 g Kartoffeln, gewürfelt
1 Zwiebel, fein gehackt	1/4 TL getrockneter Thymian
2 Selleriestangen, gehackt	Salz und frisch gemahlener schwarzer Pfeffer
1 grüne Paprikaschote, gehackt	1 Lorbeerblatt
25 g Mehl	115 g roter Leicesterkäse, gerieben
1/2 TL Senfpulver	ein Spritzer Worcestershiresauce
1 Liter Milch	Sahne (nach Belieben)
900 g Venusmuscheln aus der Dose, Muschelwasser abgießen und aufbewahren	2 EL gehackte frische Petersilie

Zubereitung

1
Butter oder Margarine in einer gusseisernen Pfanne zerlassen. Zwiebeln, Sellerie und Paprika darin 5 Minuten unter gelegentlichem Rühren anbraten.

2
Mehl und Senf einrühren und 3 Minuten unter gelegentlichem Rühren anschwitzen.

3
Milch und Muschelwasser einrühren, unter Rühren zum Kochen bringen und leicht andicken.

4
Kartoffeln, Thymian, Salz und Pfeffer und Lorbeerblatt hinzufügen, abdecken und 12 Minuten köcheln lassen.

5
Lorbeerblatt herausnehmen und die Muscheln einrühren. Abdecken und weitere 3–4 Minuten köcheln lassen.

6
Käse und Worcestershiresauce hinzufügen und rühren, bis der Käse geschmolzen ist.

7
Sahne einrühren, falls der Eintopf zu dickflüssig ist. Mit Petersilie garnieren und servieren.

Serviervorschlag
Reichen Sie dazu in dicke Scheiben geschnittenes Brot oder frische Brötchen.

Abwandlungen
Nehmen Sie Miesmuscheln oder Herzmuscheln aus der Dose an Stelle der Venusmuscheln. Ersetzen Sie die Kartoffeln durch Süßkartoffeln. Nehmen Sie frisches Basilikum statt Petersilie.

Suppen & Eintöpfe

Muschel-Reis-Eintopf

Ein herzhafter Eintopf mit Muscheln, Reis, Gemüse und einer leicht süßen Note durch die Zugabe von Sultaninen.

Vorbereitungszeit: 10 Minuten • Kochzeit: 35 Minuten • Für 4–6 Personen

Zutaten

800 g gekochte Miesmuscheln, Kochsud aufbewahrt	1 Zwiebel, fein gehackt
50 g Butter	500 g Tomaten, gehäutet, grob gehackt
250 g Reis	250 ml trockener Weißwein
50 g Sultaninen	Salz und frisch gemahlener schwarzer Pfeffer
4 EL Olivenöl	frische Kerbelzweige, zum Garnieren

Zubereitung

1
Muscheln gründlich abtropfen lassen. Kochsud aufbewahren und auf die Seite stellen.

2
Butter in einer Kasserolle zerlassen und Reis und Sultaninen unter ständigem Rühren anschwitzen, bis der Reis durchsichtig wird.

3
500 ml Wasser hinzufügen, abdecken und 15 Minuten bei geringer Hitze garen. Den Reis abgießen.

4
Öl in einem Topf erhitzen und Zwiebeln unter gelegentlichem Rühren anschwitzen. Tomaten und Wein hinzufügen und zum Kochen bringen.

5
Die Muscheln einrühren und erhitzen.

6
Reis und Sultaninen mit ein wenig Muschelsud einrühren und nach Geschmack mit Salz und Pfeffer würzen.

7
10 Minuten im vorgeheizten Backofen bei 200 °C (Gasherd: Stufe 6) garen. Mit Kerbel garniert servieren.

Serviervorschlag

Reichen Sie dazu Körnerbrot oder Sauerteigbrot.

Abwandlungen

Verwenden Sie gehackte getrocknete Aprikosen an Stelle der Sultaninen.
Ersetzen Sie die frischen Tomaten durch 400 g Pizzatomaten.

Suppen & Eintöpfe

Garnelen-Melonen-Cocktail

Eine kühle, erfrischende und delikate Mittagsmahlzeit für den Sommer,
die bei einer Abendgesellschaft auch als Vorspeise für 8 Personen dienen kann.

Vorbereitungszeit: 25 Minuten + Kühlzeit • Für 4 Personen

Zutaten

2 kleine Melonen	2 EL gehackte frische Minze + 4 Zweige, zum Garnieren
4 Tomaten	eine Prise Zucker
1 Salatgurke	Salz und frisch gemahlener schwarzer Pfeffer
1 Orange	1 TL gehackter Zitronenthymian (nach Belieben)
Saft von 1/2 Zitrone	225 g geschälte Garnelen
4 EL Sonnenblumenöl	85 g geröstete Mandelblättchen, zum Garnieren
3 EL Crème double	

Zubereitung

1
Melonen halbieren, Kerne entfernen und Fruchtfleisch bis auf eine ca. 5 mm dicke Schicht mit einem Kugelausstecher auslösen.

2
Fruchtfleisch in Kugelform lassen oder in 1 cm große Stücke schneiden. Tomaten häuten, Kerne entfernen und Fruchtfleisch in Streifen schneiden.

3
Gurke schälen, längs halbieren und in 1 cm große Würfel schneiden. Orange schälen und filetieren.

4
Zitronensaft, Öl und Crème double in einer Schüssel verrühren.

5
Minze, Zucker, Salz und Pfeffer nach Geschmack und Zitronenthymian (falls gewünscht) hinzufügen.

6
Garnelen, Obst und Gemüse sorgfältig unterheben.

7
Mischung gleichmäßig auf Melonenhälften verteilen und einige Zeit im Kühlschrank ruhen lassen.

8
Mit Minze und Mandeln garnieren und servieren.

Serviervorschlag
Reichen Sie dazu einen gemischten grünen Salat oder neue Kartoffeln.

Abwandlungen
Verwenden Sie eine rosa Grapefruit an Stelle der Orange. Ersetzen Sie die Minze durch Basilikum oder Petersilie.

Tipp des Küchenchefs
Wenn die Melonenhälften nicht aufrecht stehen bleiben, schneiden Sie eine dünne Scheibe vom Boden ab.

Salate

Salade Niçoise

Dieser klassische französische Salat mit Garnelen und Sardellen kann als Hauptmahlzeit serviert werden, wenn er auf einem Bett auf knackigen grünen Salatblättern angerichtet und mit knusprigem Baguette gereicht wird.

Vorbereitungszeit: 20 Minuten • Für 4 Personen

Zutaten

2 große oder 6 kleine Kartoffeln, gekocht und in 1 cm große Würfel geschnitten

175 g grüne Bohnen, gesäubert und gekocht

85 g schwarze Oliven, halbiert und entkernt

1 kleine Gurke, gewürfelt

4 Tomaten, in je 8 Spalten geschnitten

200 g Thunfisch im Aufguss

115 g geschälte Garnelen

4 hart gekochte Eier, geschält und längs geviertelt

60 g Sardellen aus dem Glas, abgetropft und gehackt

6 EL Olivenöl

2 EL Weißweinessig

3 EL gehackte frische gemischte Kräuter

2 TL Dijon-Senf

Salz und frisch gemahlener schwarzer Pfeffer

Zubereitung

1
Kartoffeln, Bohnen, Oliven, Gurken und Tomaten in einer Schüssel vermischen.

2
Thunfisch abgießen, mit der Gabel zerkleinern und mit Garnelen, Ei und Sardellen unter das Gemüse heben.

3
Öl, Essig, Kräuter und Senf in einer kleinen Schale verquirlen.

4
Salatsauce über den Salat geben und vorsichtig unterheben. Salat mit Salz und Pfeffer abschmecken und servieren.

Abwandlungen

Verwenden Sie Lachs statt Thunfisch. Ersetzen Sie die grünen Bohnen durch Zuckerschoten. Nehmen Sie gekochte geschälte Miesmuscheln statt Garnelen.

Tipp des Küchenchefs

Die Salatsauce lässt sich schnell zubereiten, indem Sie alle Zutaten in ein sauberes Glas mit Schraubverschluß geben und sie durch kräftiges Schütteln mischen. Es lohnt sich, die doppelte Menge Salatsauce zuzubereiten, da sie sich im verschlossenen Glas bis zu 2 Wochen im Kühlschrank hält.

Salate

39

Krabben-Krebssalat in Orangenschälchen

Dieser Krebssalat wird dekorativ in Orangenhälften angerichtet. Das Orangenfruchtfleisch selbst verleiht dem Salat ein herrlich fruchtiges Aroma.

Vorbereitungszeit: 35 Minuten • Für 6 Personen

Zutaten

3 oder 6 kleine Orangen	1 TL Cognac
1 Avocado	einige Spritzer Tabasco
Saft von 1 Zitrone	1 TL Worcestershiresauce
1 Eigelb	½ Zwiebel
1 TL Senf	100 g kleine Krabben
Salz und frisch gemahlener schwarzer Pfeffer	300 g Krebsfleisch
200 ml Pflanzenöl	2 Tomaten
1 EL Tomatenketchup	frische Kerbelzweige, zum Garnieren

Zubereitung

1
Orangen halbieren und Fruchtfleisch vorsichtig herauslösen. Schalen aufbewahren und Fruchtfleisch würfeln.

2
Avocado halbieren, entsteinen, schälen, würfeln und in eine Schale geben. Mit Zitronensaft beträufeln, um ein Anlaufen zu verhindern.

3
Eigelb und Senf in einer Schüssel verrühren, mit Salz und Pfeffer abschmecken und nach und nach mit Öl zu einer Mayonnaise aufschlagen.

4
Wenn die Mayonnaise dickflüssig ist, Ketchup, Cognac, Tabasco und Worcestershiresauce einrühren.

5
Zwiebel halbieren und fein hacken, Krabben schälen und auf die Seite stellen.

6
Das Krebsfleisch fein hacken.

7
Tomaten 10 Sekunden in kochendes Wasser tauchen, in kaltem Wasser abschrecken, häuten und würfeln. Kerne und Saft wegwerfen. 2 Esslöffel Tomatenwürfel zum Garnieren auf die Seite stellen.

8
Alle Zutaten vorsichtig unter die Mayonnaise heben und abschmecken.

9
Salat gleichmäßig auf die Orangenhälften verteilen und mit Tomatenwürfeln und Kerbel garniert servieren.

Serviervorschlag
Reichen Sie dazu gekochte neue Kartoffeln und einen knackigen gemischten Salat.

Abwandlungen
Verwenden Sie rosafarbene Grapefruit an Stelle der Orangen. Ersetzen Sie die Avocado durch Mango.

Salate

Garnelensalat

Delikate gebratene Riesengarnelen in einer verführerischen Sauce.

Vorbereitungszeit: 25 Minuten • Kochzeit: 30 Minuten • Für 4 Personen

Zutaten

20 Riesengarnelen	1 EL Crème double
2 EL Olivenöl	55 g Butter
1 Karotte, in dünne Scheiben geschnitten	1 TL Weinessig
½ Zwiebel, in dünne Scheiben geschnitten	Salz und frisch gemahlener schwarzer Pfeffer
1 EL Tomatenmark	4 kleine Portionen gemischter grüner Salat
½ Lorbeerblatt	frische Kräuterzweige, zum Garnieren
1 TL Cognac	

Zubereitung

1
Garnelen von Panzer und Darm befreien. Kopf entfernen, Schwanzstück intakt lassen und den Panzer für die Sauce aufbewahren.

2
Sauce zubereiten: 1 Esslöffel Öl in der Pfanne erhitzen und Karotten, Zwiebel, Tomatenmark, Garnelenpanzer und Lorbeerblatt 2 Minuten unter gelegentlichem Rühren anbraten. Überschüssiges Fett abgießen.

3
Mit Cognac ablöschen und die Zutaten mit Wasser bedecken.

4
Sud aufkochen und unter gelegentlichem Rühren reduzieren, bis er eindickt.

5
Sauce durch ein Sieb abgießen, ausdrücken, auffangen und warm stellen.

6
Butter in einer Pfanne zerlassen und die Garnelen 2 Minuten unter Rühren anbraten.

7
Essig in die Sauce einrühren, mit Salz und Pfeffer abschmecken und restliches Öl einrühren.

8
Garnelen auf einem Salatbett anrichten, mit Sauce übergießen, mit Kräutern garnieren und servieren.

Serviervorschlag
Ergänzen Sie den Salat durch gewürfelte Tomaten und Paprika. Reichen Sie dazu Backkartoffeln.

Abwandlungen
Verwenden Sie eine Pastinake an Stelle der Karotte. Ersetzen Sie das Tomatenmark durch passierte Tomaten.

Tipp des Küchenchefs
Reduzieren Sie die Sauce auf etwa 75 ml, rühren Sie nach und nach Essig und Öl ein und würzen Sie die Sauce

Salate

Krabbensalat mit Cashews im Ananasschiffchen

Dieser dekorative, in Ananashälften servierte Salat eignet sich besonders für Sommerabende oder Buffets.

Vorbereitungszeit: 30 Minuten • Kochzeit: 10–15 Minuten • Für 4 Personen

Zutaten

2 kleine frische Ananas mit dekorativem Grün	1 Ei
225 g gekochte geschälte Krabben	2 EL Puderzucker
115 g geröstete ungesalzene Cashewkerne	1 EL Estragonessig
2 Selleriestangen, in dünne Scheiben geschnitten	2 TL gehackter frischer Estragon
4 EL Zitronensaft	125 ml Schlagsahne

Zubereitung

1
Ananas mit Grün längs halbieren.

2
Fruchtfleisch bis auf eine ca. 5 mm dicke Schicht vorsichtig auslösen. Die harten Strünke entfernen und Fruchtfleisch in mundgerechte Stücke schneiden.

3
Ananas, Krabben, Cashewkerne und Sellerie in eine Schüssel geben, mit Zitronensaft beträufeln und gut mischen. Salat auf Ananashälften verteilen und in den Kühlschrank stellen.

4
Ei und Zucker in einer hitzebeständigen Schüssel verrühren, im heißen Wasserbad mit Essig und Estragon verquirlen und schaumig aufschlagen.

5
Aus dem Wasserbad nehmen und unter ständigem Rühren abkühlen lassen.

6
Sahne schlagen und unter die Eimischung heben.

7
Salatsauce über den Salat geben und servieren.

Serviervorschlag
Reichen Sie dazu frisches Brot oder Backkartoffeln und einen grünen Salat

Abwandlungen
Nehmen Sie Zuckerschoten an Stelle der Ananas. Ersetzen Sie die Cashewkerne durch Mandeln oder Haselnüsse. Nehmen Sie gekochte, geschälte Miesmuscheln statt Krabben.

Tipp des Küchenchefs
Wenn Sie die Ei-Zuckermischung mit dem Pürierstab schaumig schlagen, müssen Sie sie nicht ins heiße Wasserbad stellen. Sind ungesalzene Cashewkerne nicht erhältlich, waschen Sie die Nüsse unter kaltem Wasser und lassen sie vollständig trocknen.

Salate

Spanischer Reissalat mit Rotzunge

Dieser gehaltvolle Salat ist eine delikate, sommerliche Mittagsmahlzeit.

Vorbereitungszeit: 20 Minuten • Kochzeit: 15–20 Minuten • Für 4 Personen

Zutaten

2 große Rotzungenfilets, in je 4 Stücke geschnitten	*1 grüne Paprikaschote, entkernt, fein gewürfelt*
4–6 schwarze Pfefferkörner	*1 EL gehackte frische gemischte Kräuter*
1 Zwiebelscheibe	*3 EL Vinaigrette*
1 EL Zitronensaft	*300 ml Mayonnaise*
Salz und frisch gemahlener schwarzer Pfeffer	*1 Knoblauchzehe, zerdrückt*
175 g Langkornreis	*1 TL Tomatenmark*
1 kleine Aubergine	*1 TL Paprikapulver*
2 EL Olivenöl	*Brunnenkresse, zum Garnieren*
1 Schalotte, fein gehackt	

Zubereitung

1

Fischfilets mit Pfefferkörnern, Zwiebel und Zitronensaft in eine Auflaufform geben, mit Wasser leicht bedecken, mit Salz und Pfeffer bestreuen und abdecken. 8–10 Minuten im vorgeheizten Backofen bei 180 °C (Gasherd: Stufe 4) garen. Filets im Sud erkalten lassen und in 2,5 cm große Stücke schneiden. Sud wegwerfen.

2

Reis 10–15 Minuten in einem Topf mit kochendem Wasser garen, unter kaltem Wasser abspülen, abtropfen lassen und mit der Gabel auflockern.

3

Aubergine halbieren, mit 2 Teelöffeln Salz bestreuen, 30 Minuten ruhen lassen, abspülen, trocken tupfen und in 1 cm große Würfel schneiden.

4

Öl in einer großen Pfanne erhitzen und Auberginen braten.

5

Pfanne vom Herd nehmen. Auberginen abkühlen lassen und mit Schalotten und Paprika, der Hälfte der gehackten Kräuter und der Vinaigrette unter den Reis heben.

6

Mayonnaise, Knoblauch, Tomatenmark, Paprikapulver und restliche Kräuter mischen und mit Salz und Pfeffer würzen.

7

Reissalat auf Teller verteilen. Fischfilets daneben anrichten, Mayonnaise über den Fisch geben, mit Kresse garnieren und servieren.

Serviervorschlag

Reichen Sie dazu frisches Baguette oder Getreidekräcker.

Abwandlungen

Verwenden Sie Schollenfilets statt Rotzungenfilets. Ersetzen Sie die Schalotte durch 2–3 Frühlingszwiebeln. Nehmen Sie 1 große Zucchini statt der Aubergine.

Tipp des Küchenchefs

Gekochter Reis wiegt etwa doppelt so viel wie ungekochter Reis. Gekocht kann man ihn in passenden Portionen einfrieren. Man taut ihn etwa 3–4 Minuten in kochendem Wasser auf und spült ihn unter kaltem Wasser ab.

Salate

Bunte Fischpfanne

Ein abwechslungsreiches, mit Knoblauch und Kräutern aromatisch gewürztes Fischgericht.

Vorbereitungszeit: 15 Minuten • Kochzeit: 35 Minuten • Für 4 Personen

Zutaten

250 g Dorschfilet	1 Fenchelknolle, in 8 Spalten geschnitten
250 g Seebarschfilet	4 große Tomaten, geschält und gewürfelt
500 g Aal, geputzt und ausgenommen	1 Lorbeerblatt
6 EL Weißweinessig	1 Thymianzweig
5 EL Olivenöl	Salz und frisch gemahlener schwarzer Pfeffer
2 große Zwiebeln, fein gehackt	25 g fein gehackte frische Petersilie
2 Knoblauchzehen, zerdrückt	

Zubereitung

1
Fisch in eine Schale geben, mit Essig übergießen und auf die Seite stellen.

2
Öl in einer Pfanne erhitzen und Zwiebel, Knoblauch, Fenchel und Tomaten 15 Minuten unter gelegentlichem Rühren kochen.

3
Lorbeerblatt und Thymian hinzufügen. Fisch in mundgerechte Stücke schneiden und auf das Gemüse legen.

4
Mit Salz und Pfeffer nach Geschmack würzen und 20 Minuten unter gelegentlichem Rühren leicht köcheln lassen. Thymian und Lorbeerblatt herausnehmen.

5
Mit Petersilie bestreuen und servieren.

Serviervorschlag

Reichen Sie dazu frisches Baguette oder Kroketten.

Abwandlungen

Verwenden Sie 4 Lauchstangen an Stelle der Zwiebeln. Ersetzen Sie den Aal durch frischen Thunfisch oder Lachs. Nehmen Sie Schnittlauch oder Estragon statt Petersilie.

Hauptgerichte

Frittierter Fisch

Frittierter Fisch ist bei Familie und Freunden immer ein beliebtes Abendessen.

Vorbereitungszeit: 20 Minuten + 30 Minuten Ruhezeit • Kochzeit: 10 Minuten • Für 4 Personen

Zutaten

700 g gemischter Fisch wie Dorsch- und Lachsfilets	*125 ml Milch*
Zitronensaft	*15 ml zerlassene Butter oder Öl*
Salz	*Öl, zum Frittieren*
100 g Mehl	*frische Kräuterzweige, zum Garnieren*
1 Ei	

Zubereitung

1
Den Fisch in eine Schale geben, mit Zitronensaft beträufeln und 30 Minuten ruhen lassen.

2
Fisch mit Küchenpapier trocken tupfen, mit Salz würzen und in kleine Stücke schneiden.

3
Den Ausbackteig zubereiten: Mehl in eine Schüssel sieben und eine Mulde in der Mitte formen.

4
Ei und Milch in einer Schüssel verquirlen, ein wenig in die Mehlmulde geben und mit dem Mehl vermischen.

5
Nach und nach den Rest der Eimischung einarbeiten, Butter oder Öl hinzufügen und zu einem geschmeidig dünnen Teig verarbeiten.

6
Fischstücke in den Teig tunken. Mit Teig umschließen und in heißem Öl goldbraun ausbacken. Auf Küchenpapier abtropfen lassen und mit Kräutern garniert servieren.

Serviervorschlag
Reichen Sie dazu Pommes frites, Erbsen und Karotten.

Abwandlungen
Verwenden Sie Limetten- oder Orangensaft an Stelle des Zitronensafts.
Ersetzen Sie das Mehl durch Vollkorn- oder Buchweizenmehl.

Hauptgerichte

Makrelenfilet in roter Pfeffersauce

Makrelenfilets in einer pikanten Sahnesauce ergeben ein interessantes Fischgericht.

Vorbereitungszeit: 10 Minuten • Kochzeit: 20 Minuten • Für 4 Personen

Zutaten

8 Makrelenfilets (à ca. 100 g)	50 g Butter
Zitronensaft	1 kleine Zwiebel, fein gehackt
Salz	100 ml trockener Roséwein
1 TL rote Pfefferkörner, gemahlen	100 ml Crème double
90–120 ml Olivenöl	frische Kräuterzweige, zum Garnieren

Zubereitung

1
Haut der Makrelenfilets mehrfach leicht einschneiden, mit Zitronensaft beträufeln. Salzen und pfeffern.

2
Öl in einer Pfanne erhitzen und die Makrelen von beiden Seiten goldbraun anbraten.

3
Fisch herausnehmen, auf einen Teller geben, überschüssiges Fett abgießen und warm stellen.

4
Butter in der Pfanne zerlassen und Zwiebeln unter gelegentlichem Rühren andünsten.

5
Den Wein hinzufügen. Crème double einrühren, aufkochen und einreduzieren lassen.

6
Mit Salz und Pfeffer nach Geschmack würzen.

7
Sauce über die Fischfilets geben, mit Kräutern garnieren und servieren.

Serviervorschlag
Reichen Sie dazu gekochte neue Kartoffeln, Brokkoli und Karotten.

Abwandlungen
Verwenden Sie Forellen an Stelle der Makrelen. Ersetzen Sie den Roséwein durch Weißwein. Nehmen Sie 2–3 Schalotten an Stelle der Zwiebel.

Hauptgerichte

Kaisergranat in Weinsauce

Diese Kaisergranatschwänze werden in einer mit Petersilie gewürzten Weinsauce leicht gekocht und ergeben eine köstlich leichte Mahlzeit.

Vorbereitungszeit: 15 Minuten • Kochzeit: 8–10 Minuten • Für 2–4 Personen

Zutaten

75 g Butter	½ TL getrockneter Oregano
2 kleine Zwiebeln, fein gehackt	Salz und frisch gemahlener schwarzer Pfeffer
½ Knoblauchzehe, zerdrückt	500 g rohe Kaisergranat- oder Riesengarnelenschwänze
4 Tomaten, geschält und in dünne Scheiben geschnitten	frische Kräuterzweige, zum Garnieren
250 ml trockener Weißwein	
2 EL gehackte frische Petersilie	

Zubereitung

1
Butter in einer Kasserolle zerlassen und Zwiebeln und Knoblauch unter gelegentlichem Rühren anbraten.

2
Tomaten hinzufügen und 2 Minuten kochen. Wein und Kräuter zugeben, mit Salz und Pfeffer abschmecken und gut mischen.

3
Kaisergranatschwänze zugeben und unter gelegentlichem Rühren garen. Mit Kräutern garnieren und servieren.

Serviervorschlag

Reichen Sie dazu gekochten Reis und einen gemischten Salat.

Abwandlungen

Verwenden Sie zwei Lauchstangen an Stelle der Zwiebeln. Ersetzen Sie den Weißwein durch Rotwein. Nehmen Sie frisch geriebene Ingwerwurzel statt Knoblauch.

Hauptgerichte

Fisch-Curry

Dieses fruchtige Fisch-Curry lässt sich in der Mikrowelle schnell und einfach zubereiten.

Vorbereitungszeit: 15 Minuten + 30 Minuten Ruhezeit • Kochzeit: 16 Minuten (Mikrowelle) • Für 2 Personen

Zutaten

400 g Fischkoteletts oder -filets wie Seebarsch, Dorsch oder Schellfisch	1 Zwiebel, fein gehackt
Saft von 1 Zitrone	25 g Butter
Salz	250 g Erbsen oder Baby-Karotten aus der Dose, abgetropft
1–2 TL Currypulver	2 kleine Bananen, in Scheiben geschnitten
eine Prise Paprikapulver	gehackte frische Petersilie
	frische Kräuterzweige, zum Garnieren

Zubereitung

1
Fisch in mundgerechte Stücke schneiden, in eine Schale geben. Mit Zitronensaft beträufeln und nach Geschmack mit Salz und Curry würzen.

2
Paprikapulver zugeben, gut mischen und 30 Minuten ruhen lassen.

3
Zwiebeln mit der Butter in eine mikrowellengeeignete Schüssel geben und 3 Minuten in der Mikrowelle bei niedriger Leistung kochen.

4
Fisch hinzufügen, gut mischen und weitere 8 Minuten bei niedriger Leistung unter zweimaligem Rühren garen.

5
Erbsen, Karotten und Bananen hinzufügen und weitere 5 Minuten bei niedriger Leistung garen.

6
Mit gehackter Petersilie bestreuen, mit Kräutern garnieren und servieren.

Serviervorschlag

Reichen Sie dazu gekochten Reis und frisches Gemüse wie Mais und Blumenkohl.

Abwandlungen

Verwenden Sie Limettensaft an Stelle des Zitronensafts. Ersetzen Sie das Currypulver durch Chilipulver.

Hauptgerichte

Gegrillter Fisch

Auf dem Holzkohlengrill zubereiteter frischer Fisch ist an warmen Sommerabenden immer eine delikate Alternative zu einem kalten Abendessen.

Vorbereitungszeit: 15 Minuten • Kochzeit: 10–15 Minuten • Für 4 Personen

Zutaten

8 Forellen oder Seebarsche, gehäutet und ausgenommen	½ TL Salz
40 g weiche Butter	frisch gemahlener schwarzer Pfeffer
1 TL weißer Wermut	frische Kräuterzweige, zum Garnieren

Zubereitung

1
Die Fische waschen und auf Küchenpapier trocknen lassen.

2
Butter, Wermut, Salz und Pfeffer in einer Schale verrühren.

3
Fische von innen mit der Mischung einreiben und auf Holzspieße stecken.

4
Fische auf eine Grillschale legen und 10–15 Minuten unter mehrfachem Wenden über dem Grill garen.

5
Spieße entfernen, mit Kräutern garnieren und servieren.

Serviervorschlag
Reichen Sie dazu auf dem Grill gebackene Kartoffeln und einen knackigen Krautsalat.

Abwandlungen
Verwenden Sie Makrele an Stelle von Forelle oder Seebarsch. Geben Sie nach Geschmack ein wenig Chili- oder Currypulver in die Buttermischung. Ersetzen Sie den Wermut durch Portwein.

Hauptgerichte

Spaghetti mit Krebsfleisch und Schinken

In diesem ausgefallenen Gericht werden hausgemachte Petersilien-Spaghetti mit einer cremigen Sahnesauce mit Krebsfleisch und Schinken kombiniert.

Vorbereitungszeit: 1 Stunde • Kochzeit: 20 Minuten • Für 6 Personen

Zutaten

1 Bund frische Petersilie	300 g Krebsfleisch
500 g Mehl	300 ml Crème double
Salz und frisch gemahlener schwarzer Pfeffer	225 g gekochter Schinkenspeck, in dünne Streifen geschnitten
4 Eier	40 g Butter
1 TL Olivenöl	gehackter frischer Kerbel, zum Garnieren

Zubereitung

1
Petersilienblätter abzupfen, 10 Minuten in einem Topf mit kochendem Wasser kochen, durch ein Sieb streichen und die Brühe aufbewahren.

2
Petersilie mit 3 Esslöffeln Brühe in der Küchenmaschine oder dem Mixer pürieren.

3
Mehl, etwas Salz, Eier und 1 1/2 Esslöffel Petersilienpürée in einer Schüssel mischen und zu einem Teig verkneten.

4
Den Teig vierteln und mit der Nudelmaschine ausrollen.

5
Teig mehrmals durch die Nudelmaschine drehen und mit Mehl bestäuben, bis er dünn genug ist.

6
Teigplatten mit dem Spaghettischneider der Nudelmaschine schneiden und auf die Seite stellen.

7
Öl in einen Topf mit kochendem Salzwasser geben und Spaghetti 5 Minuten *al dente* (bissfest) kochen. Abgießen, unter warmem Wasser abspülen, abtropfen lassen und auf die Seite stellen.

8
Krebsfleisch fein hacken und auf die Seite stellen.

9
Crème double in einem Topf mit Krebsfleisch und Schinkenspeck sanft erhitzen.

10
Butter in einem Topf zerlassen. Spaghetti 30 Sekunden in kochendem Wasser wieder erhitzen, abtropfen lassen und in der Butter schwenken. Mit Salz und Pfeffer würzen.

11
Spaghetti auf Teller verteilen, die Sauce in die Mitte geben, mit Kerbel garnieren und sofort servieren.

Serviervorschlag
Reichen Sie dazu frisches knuspriges Brot und einen gemischten Blattsalat.

Abwandlungen
Verwenden Sie Thunfisch oder Lachs an Stelle des Krebsfleischs.
Ersetzen Sie die Petersilie durch Basilikum oder Kerbel.

Tipp des Küchenchefs
Zur Zeitersparnis können Sie auch getrocknete Spaghetti verwenden, die Sie 10–12 Minuten kochen.

Hauptgerichte

Schollenfilet mit Krabben

Dieses schmackhafte Fischgericht kombiniert leicht gebratenes Schollenfilet mit Croutons und Krabben.

Vorbereitungszeit: 15 Minuten • Kochzeit: 20–25 Minuten • Für 6 Personen

Zutaten

18 Schollenfilets (à ca. 55 g)	150 g Butter
Salz und frisch gemahlener schwarzer Pfeffer	1 Zweig Petersilie, gehackt
3 EL Mehl	200 g gekochte frische Krabben
125 ml Olivenöl	frische Kräuterzweige, zum Garnieren
4 Scheiben Toastbrot	

Zubereitung

1
Fischfilets mit Salz und Pfeffer würzen und in Mehl wenden.

2
Öl in einer Pfanne erhitzen, Fisch 10 Minuten von beiden Seiten goldbraun anbraten und warm stellen.

3
Die Toastscheiben würfeln.

4
Butter in einer Pfanne zerlassen und Brotwürfel unter mehrfachem Wenden von allen Seiten goldbraun anrösten.

5
Petersilie und Krabben hinzufügen und mit Salz und Pfeffer abschmecken. Einige Minuten unter gelegentlichem Rühren erhitzen.

6
Fischfilets auf Teller verteilen und Krabben und Croutons darüber geben.

7
Mit frischen Kräutern garnieren und sofort servieren.

Serviervorschlag

Reichen Sie dazu gekochte neue Kartoffeln, grüne Bohnen und Sellerie.

Abwandlungen

Verwenden Sie Seezunge an Stelle der Scholle. Ersetzen Sie die Petersilie durch Dill. Nehmen Sie Garnelen statt Krabben.

Hauptgerichte

Mandelforelle

Eine interessante Variante eines bekannten Gerichts – die Forelle wird mit Schinken gefüllt und mit einer delikaten Schinken-Mandel-Sauce serviert.

Vorbereitungszeit: 15 Minuten + 10 Minuten Ruhezeit • Kochzeit: 30 Minuten • Für 4 Personen

Zutaten

4 Forellen, gesäubert und ausgenommen	100 g roher Schinken am Stück
Salz und frisch gemahlener schwarzer Pfeffer	2 Knoblauchzehen, fein gehackt
Saft von 1 Zitrone	1 Petersilienzweig, fein gehackt
1 EL Pflanzenöl	4 EL gehobelte Mandeln
4 dünne Scheiben luftgetrockneter Schinken	Sherry, nach Geschmack
Mehl, zum Bestäuben	frische Petersilienzweige, zum Garnieren
Olivenöl, zum Braten	

Zubereitung

1
Forellen mit Salz und Pfeffer würzen, mit Zitronensaft beträufeln. 10 Minuten in einer Schale in den Kühlschrank stellen.

2
Pflanzenöl in einer Pfanne erhitzen und luftgetrockneten Schinken anbraten.

3
Forellen mit gebratenem Schinken füllen und in Mehl wenden.

4
Olivenöl in einer Pfanne erhitzen und Forellen von allen Seiten goldbraun anbraten.

5
Aus der Pfanne nehmen und in eine gefettete Auflaufform geben.

6
Rohen Schinken würfeln und in der Pfanne goldbraun anbraten.

7
Knoblauch hinzufügen und leicht anbraten.

8
Petersilie und Mandeln hinzufügen und 1–2 Minuten anbraten.

9
Etwas Sherry hinzufügen und Sauce über die Forellen geben.

10
10 Minuten im vorgeheizten Backofen bei 220 °C (Gasherd: Stufe 7) garen. Mit Petersilie garnieren und sofort servieren.

Serviervorschlag
Reichen Sie dazu Backkartoffeln und Brokkoli- und Blumenkohlröschen.

Abwandlungen
Nehmen Sie Makrele statt Forelle. Ersetzen Sie den Zitronensaft durch Limetten- oder Orangensaft.

Hauptgerichte

Meeresfrüchte-Lasagne

Hausgemachte Lasagneblätter werden mit Miesmuscheln, Herzmuscheln und Garnelen in einer herzhaften Tomatensauce zu einer delikaten Lasagne geschichtet und mit Gruyèrekäse überbacken.

Vorbereitungszeit: 1 Stunde 30 Minuten + Trockenzeit • Kochzeit: 35 Minuten • Für 6 Personen

Zutaten

300 g Mehl	2 Schalotten, gehackt
Salz und frisch gemahlener schwarzer Pfeffer	1 Zwiebel, fein gehackt
4 Eier	2 Knoblauchzehen, gehackt
4 EL Olivenöl	6 Tomaten, geschält, entkernt und püriert
400 g Herzmuscheln in der Schale	2 EL gehackte frische Petersilie
1 Liter Miesmuscheln in der Schale	40 g Butter, zerlassen
300 g Garnelen	100 g Gruyèrekäse, gerieben
200 ml Weißwein	frische Kerbelzweige, zum Garnieren

Zubereitung

1
Mehl, 1 Teelöffel Salz und Eier in einer Schüssel zu einem Teig verkneten und zu einer Kugel formen.

2
Teig vierteln, Viertel leicht flach drücken und durch die Nudelmaschine drehen.

3
Teig so lange ausrollen und mit Mehl bestäuben, bis lange, dünne Teigstreifen entstehen. Zu Rechtecken schneiden und 2 Stunden trocknen lassen.

4
Lasagneblätter in Portionen 3 Minuten in einem großen Topf mit kochendem Salzwasser und 1 Esslöffel Öl kochen.

5
Herausnehmen, unter kaltem Wasser abspülen und auf einem feuchten Küchenhandtuch auslegen.

6
Muscheln gründlich schrubben. Garnelen schälen, in Stücke schneiden und auf die Seite stellen.

7
Wein in eine Auflaufform geben, Schalotten und Herzmuscheln hinzufügen, bei starker Hitze kochen, bis die Muscheln sich öffnen, und herausnehmen. Miesmuscheln in derselben Flüssigkeit kochen, bis sie sich öffnen. Herausnehmen, Muscheln aus der Schale lösen, ungeöffnete Muscheln wegwerfen und Sud aufbewahren.

8
Zwiebeln und Knoblauch in 3 Esslöffeln Öl in der Pfanne anbraten und Tomaten und 1 Esslöffel Petersilie hinzufügen. Muschelsud durch ein mit Leinen ausgelegtes Sieb gießen.

9
Garnelen und Muscheln mit dem Sud in die Pfanne geben und unter gelegentlichem Rühren 20 Minuten bei mittlerer Hitze kochen.

10
Eine Auflaufform mit Butter einfetten, Lasagneblätter und Meeresfrüchtemischung abwechselnd hinein schichten, Lasagneblätter jeweils mit Butter bestreichen und mit einer Schicht Lasagneblätter abdecken. Mit Butter bestreichen, mit Käse bestreuen. Mit Aluminiumfolie abdecken und 25–30 Minuten im vorgeheizten Backofen bei 200 °C (Gasherd: Stufe 6) backen.

11
Folie abnehmen. Lasagne 5 Minuten unter dem vorgeheizten Grill goldbraun überbacken. In Portionen schneiden, mit Kerbel garnieren und servieren.

Serviervorschlag

Reichen Sie dazu frisches Baguette und einen gemischten grünen Salat.

Hauptgerichte

Krabben mit Paradiesbananen

Dieses exotische Gericht kombiniert Krabben und Paradiesbananen, oder auch »Kochbananen«, wie sie häufig genannt werden, abgeschmeckt mit aromatischen Currygewürzen.

Vorbereitungszeit: 10 Minuten • Kochzeit: 25–30 Minuten • Für 4–6 Personen

Zutaten

1 kg reife Paradiesbananen	125 ml scharf gewürzte Brühe
20 g Butter	125 ml Milch
2 große Zwiebeln, fein gehackt	400 g geschälte Krabben
2 Lorbeerblätter	Zitronensaft
2 EL Currypulver	Salz und frisch gemahlener schwarzer Pfeffer

Zubereitung

1
Bananen schälen und in 1 cm dicke Scheiben schneiden.

2
Butter in einer Pfanne zerlassen, Zwiebeln unter gelegentlichem Rühren leicht anbraten und Bananen, Currypulver und Lorbeerblätter hinzufügen.

3
Unter Rühren 1 Minute anbraten, Brühe hinzufügen, abdecken und 10 Minuten unter gelegentlichem Rühren köcheln lassen.

4
Milch hinzufügen und unabgedeckt 10 Minuten unter gelegentlichem Rühren köcheln lassen.

5
Krabben ca. 1 Minute in der Sauce erhitzen, mit Zitronensaft, Salz und Pfeffer nach Geschmack würzen, Lorbeerblätter entfernen und sofort servieren.

Serviervorschlag
Reichen Sie dazu gekochten Reis und einen gemischten Salat oder gekochtes Gemüse.

Abwandlungen
Verwenden Sie reife Mango oder Ananas an Stelle der Paradiesbananen. Ersetzen Sie die Krabben durch Garnelen oder gekochte, geschälte Miesmuscheln.

Tipp des Küchenchefs
Paradies- bzw. Kochbananen haben einen zartsüßen Geschmack und ihr Fruchtfleisch ist leicht mehlig, wenn sie reif sind. Sie lassen sich gut mit Schweine- oder Rindfleisch und Schalentieren kombinieren.

Hauptgerichte

Schellfisch in Senfsauce

Die cremige Senfsauce verleiht gekochtem Schellfisch eine elegante Note.

Vorbereitungszeit: 10 Minuten • Kochzeit: 30 Minuten • Für 4 Personen

Zutaten

250 ml trockener Weißwein	1 Eigelb
1 Lorbeerblatt	2 EL Milch oder Sahne
eine Prise getrockneter Thymian	2 EL Senf
1 TL Salz	40 g Butter
10 Pfefferkörner	frisch gemahlener schwarzer Pfeffer
4 Schellfischkoteletts oder -filets (à 175 g)	Zucker, nach Geschmack
125 g Crème fraîche	gehackte frische Petersilie, zum Bestreuen
1–2 EL Mehl	Zitronen- und Tomatenscheiben, zum Garnieren

Zubereitung

1
Wein und 125 ml Wasser mit Lorbeerblatt, Thymian, Salz und Pfefferkörnern in einem Topf zum Kochen bringen.

2
Den Fisch hineingeben und 20 Minuten garen.

3
Fisch herausheben und auf einen vorgewärmten Teller geben, abdecken und im Ofen warm stellen.

4
Senfsauce zubereiten: Fischsud durch ein Sieb gießen, 250 ml zurückbehalten und in einem Topf zum Kochen bringen.

5
Mehl in eine Schüssel sieben, mit Crème fraîche mischen und in den Fischsud rühren.

6
Unter Rühren 5 Minuten leicht kochen, Eigelb mit Milch oder Sahne und Senf mischen und in die Sauce rühren.

7
Butter einrühren und mit Pfeffer und Zucker nach Geschmack würzen.

8
Sauce über den Fisch geben, mit Petersilie bestreuen und mit Zitronen- und Tomatenscheiben garniert servieren.

Serviervorschlag
Reichen Sie dazu Kroketten, Zuckerschoten und Baby-Maiskolben.

Abwandlungen
Verwenden Sie körnigen Senf. Ersetzen Sie den Schellfisch durch Dorsch oder Scholle.

Hauptgerichte

Überbackene Sardinen

Ein einfaches und doch sehr schmackhaftes Gericht aus frischen, mit Knoblauch und Kräutern überbackenen Sardinen.

Vorbereitungszeit: 10 Minuten • Kochzeit: 20 Minuten • Für 6 Personen

Zutaten

1,25 kg Sardinen	4 Knoblauchzehen, zerdrückt
1 Zitrone, in Scheiben geschnitten	2 EL gehackte frische Petersilie
1 Tomate, in Scheiben geschnitten	Salz und frisch gemahlener schwarzer Pfeffer
Saft von 1 Zitrone	1 EL gehackter frischer Majoran
5 EL Olivenöl	

Zubereitung

1
Sardinen nebeneinander in eine gefettete Auflaufform legen.

2
Zitronen- und Tomatenscheiben zwischen die Fische stecken.

3
Zitronensaft mit Öl verrühren und über die Fische geben.

4
Fische mit Knoblauch, Petersilie und Majoran bestreuen und mit Salz und Pfeffer würzen.

5
20 Minuten im vorgeheizten Backofen bei 200 °C (Gasherd: Stufe 6) garen und sofort servieren.

Serviervorschlag

Reichen Sie dazu Backkartoffeln und einen gemischten Salat mit Tomaten, Zwiebeln und Paprikaschoten.

Abwandlungen

Nehmen Sie kleine Makrelen statt Sardinen. Ersetzen Sie Zitronensaft durch Limettensaft. Nehmen Sie Oregano statt Majoran.

Hauptgerichte

Kabeljau mit Paprika

Dieses Rezept basiert auf einem traditionellen portugiesischen Gericht aus Kartoffeln, Kabeljau und Tomaten. In dieser modernen Version wird das Gericht verfeinert, indem Kartoffelpüree, Kabeljau und Ratatouille elegant geschichtet werden.

Vorbereitungszeit: 1 Stunde 40 Minuten + 24 Stunden Einweichzeit • Kochzeit: 30 Minuten • Für 6 Personen

Zutaten

1 kg gesalzener Kabeljau	6 Knoblauchzehen, gehackt
5 große Kartoffeln	1 kleine rote Chilischote, entkernt und gehackt
3 große Zwiebeln, fein gehackt	2 rote Paprikaschoten, entkernt, in Streifen geschnitten
3 EL Olivenöl	2 grüne Paprikaschoten, entkernt, in Streifen geschnitten
4 EL Crème double	2 Tomaten, geschält, entkernt und gehackt
2 EL gehackte frische Petersilie	frische Kerbelzweige, zum Garnieren
Salz und frisch gemahlener schwarzer Pfeffer	

Zubereitung

1
Kabeljau in kleine Stücke schneiden und in einer Schale mit Wasser 24 Stunden einweichen. Wasser mehrmals wechseln.

2
Kartoffeln schälen, vierteln und 30 Minuten in einem Topf mit kochendem Salzwasser, 1 gehackten Zwiebel und 1 Teelöffel Öl kochen.

3
Kartoffeln und Zwiebeln abtropfen lassen und in der Küchenmaschine zu einem glatten Püree verarbeiten (oder durch ein Sieb streichen). Crème fraîche und Petersilie einrühren, nach Geschmack würzen und auf die Seite stellen.

4
Fisch abtropfen lassen, in einem Topf mit viel Wasser zum Kochen bringen und 5 Minuten kochen.

5
Fisch abtropfen lassen und abkühlen lassen, mit den Fingern zerteilen und Haut und Gräten wegwerfen.

6
Restliches Öl in einer Pfanne erhitzen und Knoblauch und Chili unter gelegentlichem Rühren leicht anbraten.

7
Paprika und restliche Zwiebeln hinzufügen und unter häufigem Rühren 10 Minuten bei mittlerer Hitze anbraten.

8
Tomaten hinzufügen und weitere 15 Minuten unter häufigem Rühren braten.

9
Eine Auflaufform einfetten, Kartoffelpüree hinein geben, den Fisch darüber geben und mit Tomaten-Paprikamischung bedecken.

10
30 Minuten im vorgeheizten Backofen bei 200 °C (Gasherd: Stufe 6) backen. Mit Kerbel garnieren und heiß servieren.

Serviervorschlag

Reichen Sie dazu gemischtes gekochtes Gemüse wie junge Karotten, Mais und in Streifen geschnittenen Spitzkohl.

Abwandlungen

Verwenden Sie 4 Lauchstangen an Stelle der Zwiebeln. Ersetzen Sie die Petersilie durch Estragon. Nehmen Sie Süßkartoffeln statt Kartoffeln.

Besondere Anlässe

Seeteufel-Paprika-Spieße

Seeteufel eignet sich gut für die Zubereitung von Spießen, da sein festes Fleisch in kleine Stücke geschnitten werden kann, die auch beim Grillen nicht auseinander fallen.

Vorbereitungszeit: 30 Minuten • Kochzeit: 25 Minuten • Für 4 Personen

Zutaten

8 Scheiben magerer Schinkenspeck ohne Schwarte	3 EL Pflanzenöl
450 g Seeteufel, gehäutet, in 2,5 cm große Stücke geschnitten	125 ml trockener Weißwein
1 kleine grüne Paprikaschote, entkernt und in 2,5 cm große Stücke geschnitten	4 EL Estragonessig
	2 Schalotten, fein gehackt
1 kleine rote Paprikaschote, entkernt und in 2,5 cm große Stücke geschnitten	1 EL gehackter frischer Estragon
	1 EL gehackter frischer Kerbel oder Petersilie
12 kleine Champignonköpfe	225 g weiche Butter
8 Lorbeerblätter	Salz und frisch gemahlener schwarzer Pfeffer

Zubereitung

1
Schinkenspeck erst längs und dann quer halbieren.

2
Fischstücke auf die Schinkenstücke verteilen und den Schinken um den Fisch wickeln.

3
Schinken-Fischröllchen, Paprikastücke und Pilze abwechselnd auf Spieße schieben.

4
Spieße mit Öl bestreichen und auf eine Grillschale legen.

5
Grill vorheizen und Spieße 10–15 Minuten unter häufigem Wenden grillen.

6
Wein, Essig und Schalotten in einem Topf zum Kochen bringen und auf die Hälfte einreduzieren.

7
Die Kräuter hineingeben und Temperatur reduzieren.

8
Butter in kleinen Portionen mit der Gabel oder dem Schneebesen in die Sauce einrühren und schlagen, bis die Sauce andickt. nach Geschmack mit Salz und Pfeffer würzen.

9
Spieße auf eine Servierplatte legen, etwas Sauce darüber geben und den Rest in einer Schale mit den Spießen servieren.

Abwandlungen

Verwenden Sie Dorsch oder Schellfisch statt Seeteufel. Ersetzen Sie den Estragon durch Koriander. Nehmen Sie halbierte Baby-Maiskolben statt Champignons.

Tipp des Küchenchefs

Beim Zubereiten der Sauce ist es wichtig, sie kräftig aufzuschlagen, da sie sonst nicht andickt.

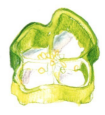

Besondere Anlässe

77

Jakobsmuscheln mit Lauch und Trüffeln

Dieses reichhaltige und luxuriöse Gericht wird Ihnen einen unvergeßlichen Abend bereiten.

Vorbereitungszeit: 35 Minuten • Kochzeit: 20 Minuten • Für 6 Personen

Zutaten

18 Jakobsmuscheln in der Schale
3 Lauchstangen
25 g Butter
250 ml Fischbrühe
Salz und frisch gemahlener schwarzer Pfeffer

2 Trüffel, abgebürstet
200 ml Crème double
gehackte frische Kräuter (Kerbel oder Schnittlauch), zum Garnieren

Zubereitung

1
Muscheln mit einem scharfen Messer öffnen und das Muschelfleisch vorsichtig auslösen.

2
Das Moos entfernen und wegwerfen. Den Rogen für ein anderes Gericht aufbewahren.

3
Die Muscheln gründlich waschen und auf einem sauberen Küchentuch trocknen.

4
Wurzeln vom Lauch abschneiden, Stangen längs vierteln, gründlich waschen und in dünne Streifen schneiden.

5
Butter in einem Topf zerlassen und den Lauch 1 Minute unter Rühren anschwitzen.

6
Brühe hinzufügen, mit Salz und Pfeffer würzen und 15 Minuten unter gelegentlichem Rühren kochen.

7
Muscheln in 2–3 Stücke schneiden, in die Sauce geben und 1 Minute kochen.

8
Trüffel in dünne Streifen schneiden.

9
Crème double, Trüffel und Trüffelsaft in die Sauce rühren und unter gelegentlichem Rühren 5 Minuten kochen.

10
Auf Teller verteilen, mit Kräutern garnieren und servieren.

Abwandlungen

Verwenden Sie Miesmuscheln an Stelle der Jakobsmuscheln. Nehmen Sie etwa die zwei- bis dreifache Menge Miesmuscheln, kochen Sie sie in Wasser, bis sie sich öffnen, und lösen sie aus den Schalen.

Tipp des Küchenchefs

Da Trüffel sehr teuer und nur in Feinkostgeschäften erhältlich sind, kann man ihre Menge verringern oder sie ganz weglassen. Einen Ersatz gibt es leider nicht.

Besondere Anlässe

Hummer auf Bananenreis

Eine einfach zuzubereitende Delikatesse, die man zusammen mit Freunden genießen sollte.

Vorbereitungszeit: 20 Minuten • Kochzeit: 3 Minuten (Mikrowelle) • Für 2 Personen

Zutaten

2 Bananen	3 EL Tomatenketchup
Zitronensaft	Tabasco, nach Geschmack
250 g pikanter gekochter Reis	Zucker
1 TL gemahlener Zimt	Salz
175 g Hummerfleisch aus der Dose	frische Kräuterzweige, zum Garnieren
100 g Krabben aus dem Glas	

Zubereitung

1
Bananen schälen, in dünne Scheiben schneiden und mit Zitronensaft beträufeln.

2
Die Bananen in einer Schüssel mit Reis und Zimt vermischen und warm stellen.

3
Hummer und Krabben abtropfen lassen, mit Ketchup, 3 Esslöffeln Wasser und ein wenig Tabasco, Zucker und Salz nach Geschmack in eine mikrowellengeeignete Form geben.

4
Abdecken und 3 Minuten in der Mikrowelle bei niedriger bis mittlerer Leistung erhitzen.

5
Bananenreis auf vorgewärmte Teller verteilen und Hummer und Krabben darauf setzen.

6
Mit Kräutern garnieren und servieren.

Serviervorschlag

Reichen Sie dazu einen kräftigen gemischten Blattsalat und warmes Ciabattabrot.

Abwandlungen

Verwenden Sie 1 bis 2 kleine Mangos an Stelle der Bananen. Ersetzen Sie den Zimt durch Chili- oder Currypulver. Nehmen Sie zerkleinertes Krebsfleisch oder Thunfisch statt Hummer.

Besondere Anlässe

Rotbarsch mit Riesengarnelen

Ein elegantes Gericht mit einer Sauce aus Zwiebeln, Paprikaschoten, Zucchini und Tomaten, gedämpftem Fisch und gebratenen Riesengarnelen.

Vorbereitungszeit: 30 Minuten • Kochzeit: 35 Minuten • Für 6 Personen

Zutaten

18 rohe Riesengarnelen	1 Zucchini, in Scheiben geschnitten
800 g Rotbarsch- oder Dorschfilet	1 Tomate, geschält, entkernt und gehackt
5 EL Olivenöl	1 Bouquet garni (Petersilie, Thymian, Lorbeerblatt)
1 Zwiebel, fein gehackt	Salz und frisch gemahlener schwarzer Pfeffer
1/2 rote Paprikaschote, entkernt, in dünne Streifen geschnitten	250 ml Fischbrühe
1/2 grüne Paprikaschote, entkernt, in dünne Streifen geschnitten	frischer Kerbel, zum Garnieren
1 Knoblauchzehe, fein gehackt	

Zubereitung

1
Rückenpanzer, Kopf und Schwanzstück der Garnelen entfernen und den dunklen Darm entfernen. Garnelen längs halbieren und auf die Seite stellen.

2
Rotbarsch- oder Dorschfilets in mundgerechte Stücke schneiden und auf die Seite stellen.

3
3 Esslöffel Öl in einer Pfanne erhitzen und Zwiebeln und Paprika 3 Minuten anbraten. Knoblauch, Zucchini und Tomaten hinzufügen, gut mischen und 5 Minuten unter gelegentlichem Rühren braten.

4
Bouquet garni und Salz und Pfeffer nach Geschmack hinzufügen, abdecken und bei mittlerer Hitze 20 Minuten unter häufigem Rühren kochen.

5
Restliches Öl in einer zweiten Pfanne erhitzen und die Garnelen von allen Seiten anbraten. Mit Salz und Pfeffer würzen, auf Küchenpapier abtropfen lassen und im Backofen warm stellen.

6
Fisch in einen Dämpfeinsatz geben, salzen und pfeffern. Abgedeckt über einem Topf mit kochendem Wasser 5 Minuten dämpfen.

7
Bouquet garni aus der Gemüsemischung nehmen und Gemüse mit dem Pürierstab pürieren.

8
Fisch und Garnelen auf der Gemüsesauce servieren und mit Kerbel garnieren.

Serviervorschlag
Reichen Sie dazu gekochte neue Kartoffeln und eine Auswahl gekochter junger Gemüse.

Abwandlungen
Verwenden Sie Schellfisch oder Seeteufel an Stelle von Rotbarsch oder Dorsch. Ersetzen Sie die Zucchini durch eine Pastinake. Nehmen Sie 1 rote Zwiebel statt der weißen Zwiebel.

Besondere Anlässe

Frittierte Meeresfrüchte mit Gemüse

Eine einfache und sehr dekorative Art, Meeresfrüchte, Gemüse und Kräuter zu servieren.

Vorbereitungszeit: 15 Minuten + 15 Minuten Ruhezeit • Kochzeit: 10–12 Minuten • Für 2–4 Personen

Zutaten

6–8 dünne junge Karotten	250 ml Pilsener Bier oder Lager
6–8 dünne junge Pastinaken	1 Ei, geschlagen
2 Fenchelknollen	Salz und frisch gemahlener schwarzer Pfeffer
4 ungekochte Riesengarnelen	Pflanzenöl, zum Frittieren
200 g verzehrfertige Kalmare	8 frische Petersilienzweige
Zitronensaft, zum Beträufeln	Zitronenscheiben, zum Garnieren
250 g Mehl	

Zubereitung

1
Karottengrün bis auf 1 cm entfernen. Karotten und Pastinaken gründlich waschen.

2
Fenchelknollen vierteln

3
Garnelen schälen und Kalmare in Ringe schneiden. Mit Zitronensaft beträufeln, in eine Schale geben und 15 Minuten ruhen lassen. Mit Küchenpapier trocken tupfen.

4
Mehl in eine Schüssel sieben und eine Mulde in der Mitte formen.

5
Etwas Bier in die Mulde geben und mit dem Mehl vermischen.

6
Das restliche Bier mit dem Ei hinzufügen und zu einem geschmeidigen Ausbackteig verarbeiten. Mit Salz und Pfeffer nach Geschmack würzen.

7
Öl in der Fritteuse auf 180 °C erhitzen. Gemüse, Petersilie und Garnelen in den Teig tunken und in kleinen Portionen goldbraun ausbacken. Gemüse und Kräuter benötigen etwa 3–5 Minuten, der Fisch etwa 10–12 Minuten.

8
Auf Küchenpapier abtropfen lassen, mit Salz bestreuen und mit Zitronenscheiben garniert servieren.

Serviervorschlag
Reichen Sie dazu Pommes frites oder Bratkartoffeln und junge Erbsen.

Abwandlungen
Nehmen Sie eine Mischung verzehrfertiger Meeresfrüchte Ihrer Wahl wie etwa Jakobs- oder Miesmuscheln. Ersetzen Sie die Petersilie durch Koriander.

Besondere Anlässe

Gegrillter Seebarsch mit Fenchel und Anis

Das herrliche Anisaroma passt ausgezeichnet zu Fisch.

Vorbereitungszeit: 40 Minuten + 1 Stunde Marinierzeit • Kochzeit: 30 Minuten • Für 6 Personen

Zutaten

6 kleine Seebarschfilets	2 Schalotten, fein gehackt
Salz und frisch gemahlener schwarzer Pfeffer	2 Tomaten, geschält, entkernt und gehackt
Saft von ½ Zitrone	300 ml Fischbrühe
1 EL Anis	200 ml Crème double
3 EL Olivenöl	2 EL Butter
500 ml Milch	frische Dillzweige, zum Garnieren
3 Fenchelknollen, in Scheiben geschnitten	

Zubereitung

1
Fischfilets halbieren (ergibt 4 kleine Filets pro Portion), mit Salz und Pfeffer würzen und auf die Seite stellen.

2
Zitronensaft, Anis und 2 Esslöffel Öl in einer Schüssel verrühren, Fisch hineingeben und 1 Stunde unter gelegentlichem Wenden marinieren.

3
Milch in einem Topf aufkochen lassen, Fenchel und ein wenig Salz hineingeben, 5 Minuten kochen, abtropfen lassen und auf einem sauberen Küchentuch ausbreiten und trocknen.

4
Fisch abtropfen lassen, Marinade mit Schalotten und Tomaten in eine Pfanne geben und 3 Minuten kochen. Brühe hinzufügen und bei starker Hitze 5 Minuten unter gelegentlichem Rühren einreduzieren.

5
Sahne einrühren und zum Kochen bringen. Vom Herd nehmen, mit dem Pürierstab pürieren und abschmecken.

6
Sauce durch ein Sieb streichen und im heißen Wasserdampf warm halten.

7
Grillpfanne vorheizen, mit restlichem Öl einfetten und Fischfilets von beiden Seiten scharf anbraten. In eine Auflaufform geben und 10 Minuten im vorgeheizten Backofen bei 200 °C (Gasherd: Stufe 6) garen.

8
Fenchel in einer Pfanne mit Butter unter gelegentlichem Rühren leicht bräunen und mit Salz und Pfeffer würzen.

9
Fenchel auf Teller verteilen, Sauce darüber geben und den Fisch darauf setzen. Mit Dill garnieren und servieren.

Serviervorschlag
Reichen Sie dazu gekochte neue Kartoffeln und gemischtes gegrilltes Gemüse wie Paprikaschoten und Zucchini.

Abwandlungen
Verwenden Sie Forelle an Stelle des Seebarschs. Ersetzen Sie die Schalotten durch 1 kleine Zwiebel. Nehmen Sie Limetten- statt Zitronensaft.

Besondere Anlässe

Würzige Riesengarnelen

Diese würzigen Riesengarnelen mit sahniger Sauce sind eine gute Vorspeise für einen festlichen Anlass.

Vorbereitungszeit: 10 Minuten • Kochzeit: 15 Minuten • Für 2–4 Personen

Zutaten

20 g Butter	125 ml Weißwein
4 Frühlingszwiebeln, in Ringe geschnitten	Salz und frisch gemahlener schwarzer Pfeffer
12 rohe Riesengarnelen	200 g Crème fraîche
1 TL gemahlener Kreuzkümmel	1 EL gehackte Pinienkerne
1 TL gemahlener Koriander	

Zubereitung

1
Butter in einer Pfanne zerlassen und Frühlingszwiebeln unter gelegentlichem Rühren anbraten.

2
Garnelen hinzufügen und unter gelegentlichem Rühren braten, bis sie eine zart rosa Farbe annehmen.

3
Garnelen herausnehmen, auf einen Teller geben und warm stellen.

4
Gemahlene Gewürze in die Pfanne streuen und den Wein hinzufügen.

5
Mit Salz und Pfeffer nach Geschmack würzen, Crème fraîche einrühren und kurz aufkochen.

6
Garnelen in die Sauce rühren, mit Pinienkernen bestreuen und servieren.

Serviervorschlag
Reichen Sie die Garnelen als Vorspeise auf Toast oder mit würzigem Reis als Hauptgericht.

Abwandlungen
Verwenden Sie 2 Schalotten an Stelle der Frühlingszwiebeln. Ersetzen Sie Kreuzkümmel und Koriander durch 2 TL Chilipulver. Nehmen Sie Mandeln statt Pinienkerne.

Besondere Anlässe

Meeresche mit Muskatsauce

Für dieses ausgefallene Gericht werden Zucchini wie Kartoffelpuffer zubereitet und dekorativ mit gebratenem Fisch und einer Muskatsauce angerichtet.

Vorbereitungszeit: 45 Minuten • Kochzeit: 50 Minuten • Für 6 Personen

Zutaten

2 Meereschen (à ca. 1 kg)	100 ml Fischbrühe
8 Zucchini	300 ml Crème double
1 Ei	1 Muskatnuss
1 EL Crème fraîche	1/2 Zitrone
Salz und frisch gemahlener schwarzer Pfeffer	2 EL Butter
5 EL Olivenöl	1/2 Bund frischer Schnittlauch, gehackt

Zubereitung

1
Die Flossen des Fischs mit der Küchenschere abschneiden, Schuppen mit einem Schuppmesser oder einem anderen scharfen Messer abschaben. Fisch ausnehmen und gründlich waschen.

2
Filets mit einem scharfen Messer beiderseits des Rückgrats ablösen und auf die Seite stellen.

3
Zucchini mit einem Gemüseschäler in sehr dünne Streifen schneiden und das weiche Kerngehäuse wegwerfen.

4
Ei und Crème fraîche in einer Schüssel verrühren, mit Salz und Pfeffer abschmecken und Zucchini hinzufügen. Mit einer Gabel vermischen.

5
In einer kleinen Auflaufform 1 Esslöffel Öl erhitzen und ein Drittel der Zucchinimischung wie einen Pfannkuchen backen.

6
Pfannkuchen nach 3 Minuten wenden und 5–10 Minuten im vorgeheizten Backofen bei 200 °C (Gasherd: Stufe 6) fertig backen. Vorgang mit der restlichen Mischung und dem restlichen Öl zwei Mal wiederholen und Pfannkuchen warm stellen.

7
Brühe in einem Topf auf die Hälfte einkochen. Crème double, 6 oder 7 Reibungen Muskat und Salz und Pfeffer nach Geschmack zugeben. 1 Minute kochen lassen.

8
Vom Herd nehmen, mit dem Pürierstab glatt pürieren, mit einigen Tropfen Zitronensaft abschmecken und im Wasserbad warm halten.

9
Fischfilets mit Salz, Pfeffer und reichlich Muskat würzen.

10
2 Esslöffel Öl und Butter in einer Pfanne erhitzen und Fisch von beiden Seiten leicht bräunen. Im Backofen 8 Minuten fertig garen.

11
Zucchinipfannkuchen in 8 Stücke schneiden, Stücke auf einem Teller anrichten, Fisch darauf geben und mit Sauce übergießen. Mit Schnittlauch bestreuen und servieren.

Serviervorschlag

Reichen Sie dazu Kroketten, junge Erbsen und Karotten.

Abwandlungen

Verwenden Sie Pastinaken an Stelle der Zucchini. Ersetzen Sie die Fischbrühe durch Gemüsebrühe. Nehmen Sie Petersilie statt Schnittlauch.

Besondere Anlässe

Reispilaf mit Meeresfrüchten

In diesem leckeren Gericht wird der Reis in Fischbrühe gekocht und mit einer Auswahl Meeresfrüchte an einer Kräutercreme serviert.

Vorbereitungszeit: 45 Minuten • Kochzeit: 40 Minuten • Für 6 Personen

Zutaten

2 Schalotten, in Scheiben geschnitten	150 g Champignons, in dünnen Scheiben
6 große Venusmuscheln in der Schale, gründlich gewaschen	600 g Langkornreis
250 ml Weißwein	Fischbrühe
1 Liter Miesmuscheln in der Schale, gründlich gewaschen	Salz und frisch gemahlener schwarzer Pfeffer
500 g Herzmuscheln in der Schale, gründlich gewaschen	250 ml Crème double
6 kleine Venusmuscheln in der Schale, gründlich gewaschen	5 frische Petersilienzweige, fein gehackt
40 g Butter	frische Kräuter, zum Garnieren

Zubereitung

1
Schalotten, große Venusmuscheln und Weißwein in einer Pfanne abgedeckt kochen, bis sich die Muscheln öffnen.

2
Venusmuscheln herausnehmen und auf die Seite stellen. Miesmuscheln in die Pfanne geben und abgedeckt kochen, bis sie sich öffnen.

3
Miesmuscheln herausnehmen und auf die Seite stellen. Herzmuscheln in die Pfanne geben und abgedeckt kochen, bis sie sich öffnen.

4
Herzmuscheln herausnehmen und auf die Seite stellen. Kleine Venusmuscheln in die Pfanne geben und abgedeckt kochen, bis sie sich öffnen.

5
Muscheln aus den Schalen lösen, Eingeweidesäcke der größeren Muscheln entfernen und das Muschelfleisch gründlich waschen.

6
Kochsud durch ein mit Leinen ausgelegtes Sieb abgießen und den gefilterten Sud auf die Seite stellen.

7
Butter in einer ofenfesten Pfanne zerlassen. Muscheln, Champignons und Reis 2 Minuten unter Schwenken anbraten.

8
Die anderthalbfache Reismenge an Fischbrühe angießen, abschmecken, abdecken und 25 Minuten im vorgeheizten Backofen bei 220 °C (Gasherd: Stufe 7) garen.

9
Muschelsud in einem kleinen Topf 1 Minute bei mittlerer Hitze einreduzieren, Crème double einrühren und weitere 2 Minuten kochen. Sauce mit dem Pürierstab glatt pürieren und gehackte Petersilie einrühren.

10
Reis und Muscheln in der Mitte des Tellers auf einem Saucenspiegel servieren. Mit frischen Kräutern garnieren.

Serviervorschlag
Reichen Sie dazu gekochtes frische Gemüse wie Karotten, Brokkoli und Blumenkohl.

Abwandlungen
Verwenden Sie frischen Koriander an Stelle der Petersilie. Ersetzen Sie die Crème double durch Crème fraîche. Nehmen Sie Zucchini statt Champignons.

Tipp des Küchenchefs
Verwenden Sie eine Auswahl frischer Meeresfrüchte Ihrer Wahl.

Besondere Anlässe

Rotzungenroulade in Weißweinsauce

Diese dekorativen Fischrouladen werden mit Krabben in einer sämigen Sahnesauce serviert.

Vorbereitungszeit: 15 Minuten • Kochzeit: 20 Minuten • Für 4 Personen

Zutaten

8 Rotzungenfilets, etwa 600 g Gesamtgewicht	100 g gekochte geschälte Krabben
4 EL Zitronensaft	125 ml Crème double
200 ml Weißwein	2 Eigelb
200 ml Brühe	frisch gemahlener schwarzer Pfeffer
10 g Butter	frische Brunnenkresse, Zitronenscheiben und
1 TL Salz	rote Paprikastreifen, zum Garnieren

Zubereitung

1
Fischfilets mit Zitronensaft beträufeln, aufrollen und mit Cocktailspießen zusammenstecken.

2
Wein, Brühe, Butter und Salz in einem Topf zum Kochen bringen, Fischrouladen hinzufügen und 12 Minuten kochen.

3
Kurz vor Ende der Kochzeit Krabben hinzufügen und erhitzen. Fisch und Krabben aus der Brühe nehmen, auf einen Teller geben, abdecken und warm stellen.

4
Brühe kräftig aufkochen lassen, auf ein Drittel einreduzieren. Eigelb und Crème double einrühren und kräftig aufschlagen.

5
Sauce vom Herd nehmen und mit Salz und Pfeffer abschmecken.

6
Rouladen mit Sauce übergossen servieren. Mit Brunnenkresse, Zitronenscheiben und Paprikastreifen garnieren.

Serviervorschlag

Reichen Sie dazu gekochte neue Kartoffeln, Zuckerschoten und Spargel.

Abwandlungen

Verwenden Sie Scholle an Stelle der Rotzunge. Ersetzen Sie die Krabben durch Krebsfleisch oder Lachs (zerkleinert). Nehmen Sie Crème fraîche statt Crème double.

Besondere Anlässe

Register

Bunte Fischpfanne 48

Fisch-Curry 56
Frittierte Meeresfrüchte mit Gemüse 84
Frittierter Fisch 50

Garnelen-Curry-Suppe 22
Garnelen-Melonen-Cocktail 36
Garnelensalat 42
Gegrillte Austern 20
Gegrillter Fisch 58
Gegrillter Seebarsch mit Fenchel und Anis 86

Hummer auf Bananenreis 80

Jakobsmuscheln mit Lauch und Trüffeln 78

Kabeljau mit Paprika 74
Kaisergranat in Weinsauce 54
Kalte Muschelsuppe mit Safran 30
Krabben mit Paradiesbananen 68
Krabben-Krebssalat in Orangenschälchen 40
Krabbensalat mit Cashews im Ananasschiffchen 44

Lachs in Senfsauce 10
Langoustine im Blätterteig 16

Maiscremesuppe mit Räucherlachs 26
Makrelenfilet in roter Pfeffersauce 52
Mandelforelle 64
Marinierter roher Fisch 14
Meeresche mit Muskatsauce 90
Meeresfrüchte-Lasagne 66
Meeresfrüchte-Quiche 12
Muscheleintopf mit Käse 32
Muschelgratin 8
Muschel-Reis-Eintopf 34

Reispilaf mit Meeresfrüchten 92
Rotbarsch mit Riesengarnelen 82
Rotzungenroulade in Weißweinsauce 94

Salade Niçoise 38
Schellfisch in Senfsauce 70
Schollenfilet mit Krabben 62
Seeteufel-Paprika-Spieße 76
Shrimps-Töpfchen 18
Shrimpssuppe 28
Spaghetti mit Krebsfleisch und Schinken 60
Spanische Fischsuppe 24
Spanischer Reissalat mit Rotzunge 46

Überbackene Sardinen 72

Würzige Riesengarnelen 88